I mille colori dell'arcobaleno

(testi e illustrazioni realizzati da Rossella Tricomi)

Premessa

Nel corso della mia carriera d'insegnante di lingua italiana per stranieri, ho spesso avuto difficoltà a reperire materiale didattico adeguato ai bambini: in particolare, testi da far leggere che non fossero troppo complicati (la maggior parte delle favole viene narrata al passato remoto) e che al tempo stesso insegnassero loro valori importanti, come il rispetto nei confronti della diversità, della natura, degli animali ecc..

Questo libro, che gli studenti possono leggere autonomamente, insieme a un insegnante o un genitore (a seconda del loro livello linguistico), nasce proprio dall'esigenza di unire l'insegnamento delle nozioni di grammatica più essenziali e delle forme di comunicazione a mio avviso più importanti (ad esempio, piccoli dialoghi quando si incontra qualcuno per la prima volta) all'insegnamento di alcuni valori fondamentali. Inoltre, poiché molti bambini italiani e stranieri hanno difficoltà ad apprendere una lingua (spesso per insicurezza o paura) e a volte hanno problemi ad accettare sé stessi o alcune cose che li circondano, vorrei anche che le mie storie li incoraggiassero non soltanto ad amare lo studio dell'italiano e delle lingue in generale, ma anche ad affrontare la vita con un sorriso e credere di più in sé stessi!

Come personaggi delle mie storie ho scelto animali, sia per la loro capacità di ispirare tenerezza ed empatia, sia perché credo che abbiamo molto da imparare dal regno animale.

Le attività alla fine di ogni storia hanno lo scopo di permettere ai piccoli lettori di ricapitolare e approfondire quanto appreso dal testo, esercitarsi nella lingua scritta e far cavalcare la loro fantasia.

Le illustrazioni sono state realizzate interamente da me.

Spero che il mio libro vi piaccia e vi possa essere utile.

Buona lettura!

Dedico questo libro alla mia famiglia, che mi ha sempre sostenuta
e accompagnata nel cammino della vita.
Vorrei ringraziare in particolar modo mia sorella, la mia più grande
sostenitrice, per essersi occupata della revisione dei testi.
Come una tartaruga marina, che non dimentica mai la spiaggia sulla
quale è nata, neanche noi dimentichiamo mai chi siamo e da dove
veniamo, e portiamo sempre i nostri cari nel cuore, ovunque
ci troviamo.

Filippa, l'ippopotamo rosa

Filippa è un piccolo ippopotamo rosa. Di solito gli ippopotami sono grigi o marroni e non comunemente rosa. Questo colore è perfetto per Filippa: infatti è un ippopotamo un po' insolito, che ama fare il bagno al fiume in costume, prendere il sole, fare picnic con gli amici, andare alle feste e anche in bicicletta.

È molto socievole e le piace tanto parlare con altri animali, anche se non sono ippopotami come lei. Anzi, le sembra molto più interessante parlare con animali che hanno una vita e un aspetto molto diversi dai suoi, come uccelli, insetti, cavalli e così via.

Un giorno, durante una passeggiata vicino al fiume, incontra una giraffa.

"Ciao, come ti chiami?", le chiede Filippa.

"Carlotta, e tu come ti chiami?"

"Sono Filippa. Piacere!"

"Piacere mio!", risponde la giraffa.

"Wow, come sei alta!", dice Filippa. "E che bel fisico! Sono sicura che in estate stai benissimo in costume! Vorrei essere magra come te! Però a me piace molto mangiare, soprattutto quando sono con i miei amici animali e insieme facciamo picnic o andiamo al ristorante. Mi piacciono molto i dolci. Il mio dolce preferito è la torta al cioccolato. Mangio una fetta di torta tutti i giorni."

"Grazie mille Filippa, sei molto gentile", risponde la giraffa. "Per me stai benissimo così. In realtà nemmeno io sono molto contenta del mio fisico. Penso di essere

troppo magra e troppo alta. Secondo me c'è sempre qualcosa del nostro corpo che non ci piace, per questo è importante amarsi per come si è. Io mangio molta frutta e verdura, non per rimanere magra, ma perché mi piacciono molto entrambe e fanno anche bene alla salute. Anch'io amo le torte e le mangio volentieri, ma non tutti i giorni, perché non fanno tanto bene. Ho un'idea: perché non impari a fare le tue torte, con ingredienti naturali e poco zucchero? Forse le puoi preparare insieme ai tuoi amici! Secondo me è divertente!"

Le due amiche sorridono. Parlano un po' di sport, alimentazione e tempo libero. Filippa chiede tanti consigli a Carlotta. Poi tornano a casa propria.

Filippa si sente ispirata dalla sua nuova amica. Vuole cominciare a fare più sport e non per perdere peso, ma per rimanere in buona salute. Decide anche che vuole mangiare meglio: frutta e verdura, tutti i giorni! Torte e biscotti, qualche volta! (Non bisogna essere troppo duri con sé stessi e un dolcetto ogni tanto mette di buon umore).

La mattina dopo Filippa si mette una tuta e va a fare jogging.

"Oh, è così faticoso!", pensa. Così decide di correre più lentamente. Passa per il bosco, poi arriva a un laghetto, fa il giro del lago e infine un bel bagno. Che acqua fresca! Perfetta dopo lo sport!

Quando arriva a casa Filippa si sente bene, piena di energia. Capisce che lo sport la mette di buon umore ed è molto felice. Fare sport non significa dimagrire, ma volersi bene, rilassare la mente e avere cura del proprio corpo e della propria salute.

Filippa e Carlotta si incontrano spesso per fare sport insieme e dopo, a volte, mangiano una fetta di una buona torta fatta in casa.

Attività 1
Cosa dici quando incontri qualcuno per la prima volta?

Attività 2
Filippa è un ippopotamo rosa. Conosci altri colori? Scrivili qui:

.... come una fragola
.... come una banana
.... come lo zucchero
.... come il mare
.... come il cioccolato
.... come l'erba
.... come un'arancia

la fragola   la banana   l'arancia

Attività 3
Cerchia le attività che puoi fare in estate:

andare in bicicletta

pattinare sul ghiaccio

fare il bagno al fiume o al mare

nuotare

fare un picnic

nuotare

Attività 4
Scrivi 5 cose che ti mettono di buon umore:

Donatella, la ragnetta vanitosa

Sai quante zampe ha un ragno? Otto! E per un ragno come Donatella non è una cosa facile. Infatti Donatella ha una grande passione: la moda. Le piacciono moltissimo i vestiti, le gonne, le camicette, i costumi da bagno, le magliette e soprattutto le scarpe! Ma quando Donatella vuole comprare delle scarpe nuove, ne ha bisogno di ben quattro paia dello stesso modello, colore e numero!

Per questo Donatella va spesso a fare spese appena cominciano i saldi, cioè quando vestiti e accessori sono più economici. Normalmente in questo periodo i negozi sono pieni di gente. Ma Donatella ha un grande vantaggio: molte persone hanno paura dei ragni. Quindi quando la ragnetta va a fare spese in un negozio, la gente spesso grida: "Oh, un ragno!", e scappa via. Così Donatella ha sempre molta scelta e trova ogni volta vestiti della sua misura e anche il suo numero di scarpe. Le sue scarpe preferite sono quelle con il tacco alto, che fanno sembrare le sue zampe sottili ancora più lunghe. Ma se deve fare sport o una lunga passeggiata su un soffitto o un tetto, preferisce sicuramente le scarpe da ginnastica.

Un giorno Donatella va a fare una camminata in montagna. Il sole splende e nel cielo non c'è nemmeno una nuvola. Donatella, che alle zampe porta le sue scarpe più comode, ha tutto quello che le serve: uno zaino con dentro una grande bottiglia d'acqua e qualcosa da mangiare.

Mentre sale sulla montagna, Donatella incontra una tartaruga.

"Ciao, di dove sei?", chiede Donatella.

"Sono francese e vengo da un paesino molto carino. Lì si mangia davvero bene, ci sono tanti formaggi buonissimi", risponde la tartaruga.

"Ma allora vieni da molto lontano! Complimenti, parli benissimo l'italiano!"

"Grazie! Sì, sono in cammino da un paio di giorni."

"E quanti anni hai?", chiede Donatella alla tartaruga.

"Ho 95 anni."

"95 anni?! Ti trovo davvero in splendida forma!", dice la ragnetta.

Donatella nota che la tartaruga non porta le scarpe.

"Come mai vai in giro scalza? Non è facile camminare in montagna senza scarpe! Soprattutto alla tua età."

"Ho fatto le valigie di fretta e le ho dimenticate", risponde la tartaruga.

"Aspetta un po'. Vediamo quante zampe hai. Uhm... sono quattro. Allora ti servono due paia di scarpe. Te ne do due delle mie. Così la camminata sarà meno faticosa!", dice la ragnetta.

"Sei davvero gentile, grazie!"

La tartaruga è molto felice. Adesso è ancora più motivata a raggiungere la cima della montagna.

Anche Donatella è contentissima. Capisce che aiutare qualcuno in difficoltà e condividere quello che ha le piace molto di più che fare spese nei negozi.

→ la cima di una montagna

Attività 1
Donatella ha un armadio pieno di vestiti e scarpe. Che cosa c'è nel tuo armadio?

Attività 2
La tartaruga ha 95 anni. E tu, quanti anni hai?

un serpente

Attività 3
Molta gente ha paura dei ragni.
Ci sono animali che ti fanno paura?

un ragno

Attività 4
Metti una crocetta sulla risposta giusta:
- vuoi sapere di dov'è una persona
  a) dove sei?   b) di dove sei?

- un animale con 8 zampe
  a) il ragno   b) la tartaruga

- ai piedi porti
  a) le scarpe   b) un cappello

un cappello

- prima di fare un viaggio
  a) faccio compere   b) faccio le valigie

- "scalzo" significa
  a) senza scarpe o calze   b) senza vestiti

Mario, l'orso polare in California

Come tutti gli orsi polari, Mario vive al Polo
Nord. Lì fa sempre freddo. Quando esce di
casa, Mario si deve sempre mettere sciar-
pa e berretto. Al Polo Nord è tutto bianco,
c'è ghiaccio dappertutto e l'acqua del mare
è molto fredda. A Mario piace tanto vivere lì, ha un sacco di amici, e poi con la sua
pelliccia calda non si sta per niente male.
Però Mario ha voglia di viaggiare, di vedere
posti nuovi, possibilmente caldi. Giusto per
cambiare un po'. Ha voglia di sdraiarsi su
una bella spiaggia con le palme da cocco e
fare un bagno in un mare con l'acqua calda.
E magari, perché no? Fare un giro in barca
o immersioni, per vedere tanti pesci colorati. Oh, gli sembra già di vedere quella bella
spiaggia!
Nello stesso tempo però, Mario ha un po'
paura di lasciare il Polo Nord, anche se
soltanto per un paio di settimane. Al Polo
Nord conosce quasi tutti e la vita lì è molto facile per lui. E poi non ha mai preso un
aereo! "Un orso in aereo?", si chiede.

"Non è un po' strano?"

Ma no! Mario vuole essere coraggioso e vincere la sua paura. Così compra un biglietto di andata e ritorno per la California. Ha un amico lì e lo vuole andare a trovare. In California può sicuramente prendere il sole e forse anche imparare a fare surf.

Adesso è ora di fare le valigie! "Cosa mi serve?", pensa Mario.

Le cose più importanti sono: il passaporto, i soldi, la carta di credito, il cellulare, lo spazzolino da denti, gli occhiali da sole e scarpe comode. Che bello, si parte!

Mario è molto contento. È la prima volta che prende l'aereo. Durante il viaggio dorme un po', mangia, beve e guarda un film... ed ecco che è già in California!

Il suo amico gabbiano lo aspetta all'aeroporto.

"Benvenuto in California!", gli dice. "Sono molto contento di vederti!"

La California è un posto molto diverso dal Polo Nord, con palme dappertutto, e il tempo è bellissimo. Fa molto caldo. Mario è soddisfatto della sua scelta.

"Come vanno le cose al Polo Nord? E com'è il tempo lì da voi in primavera?", chiede il gabbiano.

"Fa freddo!", risponde Mario.

"E in estate?", chiede il gabbiano.

"Fa freddo!", risponde Mario. "Al Polo Nord fa sempre freddo. In primavera, estate, autunno e inverno!"

I due amici ridono e passano due settimane molto divertenti.

Al suo ritorno, Mario riguarda le foto del viaggio, pensa a tutte le persone e agli animali simpatici che ha incontrato e a tutte le cose belle che ha visto. Si sente molto felice di aver realizzato un suo grande sogno.

Attività 1

Scrivi i nomi di 4 cose che metti sempre in valigia quando vai in vacanza:

Attività 2

Com'è il tempo oggi?

Attività 3

Prova a disegnare il Polo Nord:

Attività 4

Scrivi i nomi delle quattro stagioni. Qual è la tua stagione preferita e perché?

Gigi, il coniglio parlante

Oggi è il compleanno di Simonetta. "Buon compleanno!", le dicono tutti. Simonetta compie sei anni. Riceve tanti regali: bambole, un orsetto, una palla, una bicicletta nuova. Che bello! Il suo compleanno è il giorno dell'anno che preferisce. Fa una grande festa, con tanti bambini, dolci e palloncini, e ovviamente una deliziosa torta di compleanno, con panna e fragole. Uhm... buonissima! Tutti i bambini cantano: "Tanti auguri a te! Tanti auguri a te!" Il regalo più bello che Simonetta riceve è un coniglietto tutto bianco con le orecchie morbide e pendenti.

È da tanto tempo che Simonetta desidera un coniglio e finalmente eccolo! Simonetta è felicissima!

"Da oggi in poi il tuo nome è Gigi", dice Simonetta al coniglio, e gli fa una carezza sulla testa.

Il coniglio la guarda e non dice niente. I conigli non parlano! Ma pensano! Il coniglio pensa: "Oh no! Gigi?! Ma come le viene in mente! Che nome strano! Perché non mi chiama Alex o, ancora meglio, Roger? Insomma, un nome più internazionale e più facile da capire, ad esempio se faccio un viaggio all'estero."

"Gigi, Gigi, vieni qua!", grida Simonetta.

"Gigi, vieni che ti do una carota!"

"Gigi, vieni che andiamo in giardino!"

Simonetta non lo lascia un attimo in pace. "Oh, le donne!", pensa il coniglio. "Basta! Voglio un po' di tempo per me! Se continuo a mangiare soltanto carote e a correre di qua e di là, perderò almeno cinque chili."

Ma se Simonetta lo chiama, Gigi va da lei, perché non la vuole vedere triste. Simonetta mette a Gigi i cappelli delle sue bambole e a volte gioca con le sue orecchie: le arrotola o le avvolge con un

asciugamano, immaginando il coniglio dal parrucchiere.
Poi Simonetta gioca a fare il teatro con le sue bambole e
ovviamente anche Gigi deve partecipare.
"Ehi, ma io non sono mica un attore!", pensa il coniglio, mentre Simonetta gli mette un cappello a cilindro.
"Tu sei il presentatore!", dice Simonetta.
Il coniglio non ha più voglia di fare questa vita. Così un giorno
dice a Simonetta: "Senti Simonetta, io ti voglio bene, però
non sono un giocattolo! Non ho più voglia di correre sempre
avanti e indietro, di portare giacche e cappelli e poi... non mi
piace quando giochi con le mie orecchie!"
Simonetta resta a bocca aperta: "Gigi, ma tu parli!"
Il coniglio non la ascolta e continua: "E poi mi dai sempre e
soltanto carote da mangiare! Io non sono a dieta! A me piacciono anche altre cose, amo molto gli spaghetti al pomodoro
ad esempio! Con il basilico fresco! Poi non mi piace il teatro!
Preferisco andare al cinema o guardare un film alla TV. Io
non so parlare e per questo non è facile per me!
Oh... ma... aspetta... io sto parlando!"
"Sì, è proprio così, stai parlando!", dice Simonetta. "Mi dispiace molto, Gigi! Tu sei il mio migliore amico e ti voglio
vedere felice! Adesso che so queste cose cambierà tutto!"
Simonetta capisce che gli animali non sono giocattoli. Bisogna
avere molto rispetto per loro. Dopo aver parlato con Gigi, non
gli mette più i cappelli, lascia in pace le sue orecchie, gli fa
mangiare quello che vuole e lo lascia libero e tranquillo. Gigi è
il coniglio più felice del mondo.

Attività 1

Qual è il giorno dell'anno che preferisci?

Attività 2

Hai un animale domestico? Se sì, che animale è e come si chiama?

Attività 3

Scrivi i nomi di cinque giocattoli:

Attività 4

Scrivi una lista di regali che vorresti ricevere
per il tuo compleanno:

I miei regali...

Attilio, il gallo dongiovanni

Come tutti i galli, Attilio si sveglia molto presto la mattina e canta, così la gente capisce che è ora di alzarsi. "Chicchirichì!", grida Attilio tutte le mattine. Dopo beve una tazza di latte e caffè, si fa la doccia e si veste. Una nuova bellissima giornata lo aspetta.

Ma non a tutti piace il canto di un gallo. È sabato mattina, Attilio canta, e un signore che abita vicino alla fattoria gli tira una scarpa: Attilio infatti lo sveglia e questo signore invece ha voglia dormire, perché nel fine settimana non deve andare a lavorare. Per fortuna Attilio si sposta e la scarpa lo manca.

"Meno male!", pensa il gallo. "Una scarpa sulla testa e la mia pettinatura è rovinata! E stasera ho un appuntamento con Margherita, la gallina più bella del pollaio!"

È da tanto che Margherita vuole uscire con Attilio. È così bello, affascinante, con tanti muscoli, e poi tutte le galline vogliono uscire con lui.

Margherita parla in continuazione, fa venire il mal di testa ad Attilio. Inoltre non è molto intelligente. Però è bellissima e quindi tutti i galli le fanno la corte. Per questo motivo non è molto gentile con gli altri. Crede di essere la gallina più bella e importante del mondo.

È sera e Attilio si prepara per il suo appuntamento con Margherita.

Alle sette i due si incontrano. La gallina parla e parla e parla...

Attilio si annoia molto. "Oh, ma perché questa non chiude mai il becco?", pensa il gallo, e guarda l'orologio ogni cinque minuti.

Il bicchiere dell'aperitivo è quasi vuoto e Attilio vuole tornare al pollaio.

"Grazie per la bella serata Margherita, è stata magnifica. Ti telefono!"

E va via. Le sue zampe non sono mai state così veloci.

Appena torna al pollaio, Attilio si sente molto stanco. Guarda la sua agenda.

"Oh, domani è domenica per fortuna. Ho un appuntamento con Valentina. E lunedì? C'è Vanessa, lei sì che è una gallina perfetta. Ok, un po' stupida, ma bella. Di certo tutti gli altri galli mi invidieranno se esco con Vanessa. E poi l'importante è divertirsi!", pensa.

È domenica. Attilio esce con Valentina e si annoia molto. Lunedì c'è Vanessa, vuole scappare! Martedì Marilena, una gallina davvero insopportabile. Mercoledì c'è Ambra, giovedì Ingrid (una gallina straniera), venerdì Lorena, sabato Naomi e domenica Gina.

Alla fine della settimana Attilio è stanco morto. Capisce che uscire con tante galline diverse non lo rende felice.

Allora decide di prendersi un po' di tempo per sé stesso, per fare tutti i giorni delle piccole cose che lo rendono felice.

E chissà, magari un giorno incontrerà una gallina veramente speciale, forse più simpatica e gentile che bella, e fare piccole cose carine insieme a lei tutti i giorni lo renderà ancora più felice.

Attività 1
Ripeti e scrivi i giorni della settimana:

Attività 2
La mattina il gallo Attilio canta, poi fa colazione e si lava. E tu, che cosa fai la mattina?

Attività 3
Quali sono le parti del giorno? Completa:
- la mattina
- il pomeriggio
- ....
- ....

Qual è il momento della giornata che preferisci e perché?

Attività 4
Metti una crocetta sulla risposta giusta:
- un animale ha
  a) il becco   b) la bocca

- una persona ha
  a) le zampe   b) i piedi

- un gallo vive
  a) in una villa   b) in un pollaio

- ad Attilio piacciono
  a) le galline   b) le macchine veloci

la zampa   il piede

Aldo, lo scoiattolo stressato

Quante volte hai visto uno scoiattolo salire su un albero a tutta velocità, poi litigare con un altro scoiattolo, poi scendere dall'albero, poi risalire sullo stesso albero e infine lanciarsi da quell'albero a un altro? Questo è tipico nella vita di Aldo. È sempre di fretta, sempre stressato.

"Ciao Aldo, vuoi venire a bere un caffè con noi?", gli chiede il suo amico riccio.

"Oh, mi dispiace, purtroppo non posso! Devo andare a raccogliere nocciole. Voglio metterne alcune da parte, perché tra poche settimane forse comincia a fare freddo."

"Ehi, Aldo, vuoi venire alla festa di compleanno del nostro amico cervo domani sera?", domanda il gufo Ludovico.

"Grazie per l'invito, caro amico, ma purtroppo domani sera mi devo allenare per la gara di salto dall'albero."

Il nostro scoiattolo non ha mai tempo e corre sempre. Lavora molto, fa tanto sport e cerca spesso cibo da mettere da parte per l'inverno. I suoi unici

momenti di pace sono quando arriva sulla cima di un albero e vede tutto il bosco dall'alto. La vista è stupenda! Aldo non ha paura di stare in posti altissimi, anzi, gli piace molto ammirare il paesaggio. Lì nessuno lo disturba e ha un po' di tempo per pensare. Da lì può guardare il tramonto. Gli piace molto vedere gli ultimi raggi di sole che si nascondono dietro gli alberi del bosco.

Un giorno Aldo si allena, come sempre, per la sua gara di salto dall'albero. Salta da un ramo all'altro, è molto agile, leggero e veloce, ma forse... un po' troppo veloce. Aldo cade e si fa un po' male a una zampa.

Così deve restare a casa per qualche giorno. La sua piccola casa si trova all'interno di un vecchio albero ed è molto accogliente. C'è tutto quello che gli serve: una piccola cucina, un soggiorno, un bagno e una camera da letto con un morbido lettino. Le sue coperte sono molto calde per proteggerlo dal freddo dei mesi invernali. C'è anche una piccola finestra rotonda con le tendine a quadri rossi e bianchi.

Aldo si riposa molto per far guarire la zampa; inoltre i suoi amici del bosco lo vengono a trovare e gli portano molti regali e dolci per non farlo sentire triste. Per la prima volta, Aldo ha tempo per i suoi hobby: impara l'inglese, decora i suoi mobili, disegna. Capisce che non si può sempre correre e non bisogna aspettare di cadere da un albero per fare una pausa ogni tanto!

Inoltre è molto importante fare cose belle (anche se piccole) tutti i giorni.
E tu, hai già fatto qualcosa di bello oggi?

Attività 1:

Nel tempo libero Aldo impara l'inglese, decora i suoi mobili e disegna. E tu, cosa fai nel tempo libero?

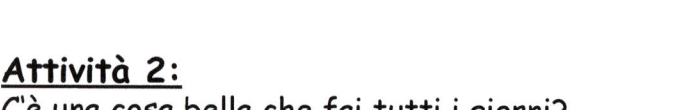

Attività 2:

C'è una cosa bella che fai tutti i giorni?

Attività 3:

Trova la parola intrusa, come nell'esempio:
correre / lavorare / inverno / saltare / raccogliere
.........inverno..........

- scoiattolo / riccio / cervo / nocciola / gufo
....

- soggiorno / compleanno / bagno / cucina/ camera da letto
....

- letto / finestra / tavolo / mobile / zampa
....

- albero / alto / vecchio / veloce / leggero
....

il riccio

Attività 4:

Cosa dici per invitare qualcuno a fare qualcosa insieme a te?

Il granchio Michele

Il granchio Michele vive su una bellissima spiaggia sabbiosa, molto tranquilla e accogliente, con pochissime pietre e tante conchiglie meravigliose, dalle forme più strane. Alcune sono colorate, altre bianche o nere. Essendo un piccolo granchio, Michele preferisce le conchiglie grandi e bianche, perché se ne trova una la può usare come casetta; inoltre il bianco attira meno i raggi del sole, quindi nella conchiglia fa meno caldo. Poi, se si sente minacciato, può facilmente entrare lì dentro e nascondersi.

Da due giorni Michele abita in una conchiglia davvero perfetta. Ha anche un piccolo buco, forse causato dalle onde, in cui mette un bell'ombrellone colorato, per rendere la sua casetta ancora più carina e ombrosa.

È mattina presto e la spiaggia è deserta. Michele si è appena svegliato, ha voglia di sgranchirsi le zampe e fare una bella passeggiata in riva al mare. Ancora non fa così caldo. L'ombrellone è chiuso. Michele osserva le onde lunghe che arrivano sulla riva, ama il loro suono. Potrebbe ascoltarlo per ore. Non immagina, la sera, di potersi addormentare senza sentire il suono delle onde.

I gabbiani volano sul mare e con le ali toccano la superficie dell'acqua: così vicini possono vedere se ci sono dei pesci da mangiare, la loro colazione preferita.

Davanti a questo paesaggio bellissimo, Michele pensa: "Ah, come sono fortunato a vivere qui! Il mare è il posto più bello del mondo!"

A Michele non interessa imparare a sciare o andare al lago, a

lui piacciono solamente il mare e la spiaggia. Gli piace anche che si può spostare quando vuole, perché se non ha più voglia di abitare in una conchiglia, può sempre prendere le sue cose, andare da un'altra parte e forse trovare una nuova conchiglia o uno scoglio. Per lui la libertà è una cosa molto importante. Gli altri animali del mare non capiscono il suo stile di vita.

Quasi tutti hanno una casa fissa e passano le vacanze in altri luoghi, lontani dal mare.

"Michele, non hai voglia di comprare casa sulla spiaggia Gabbiano Blu? In questo periodo ci sono delle ottime offerte!", dice la sua amica Stella, una graziosa stella marina.

"Ehi, Michele, non hai voglia di mettere radici qui?", gli chiede il suo carissimo amico Pierpaolo, un vecchio leone di mare.

"Oh, no", risponde Michele a tutti e due, "a me piace essere libero di andare dove voglio. Una casa fissa è davvero troppo impegnativa per me. Io amo viaggiare di spiaggia in spiaggia, conoscere gente nuova e lasciarmi sorprendere dalle cose belle della vita, che arrivano come le onde del mare. Inoltre chi mette radici in un posto, spesso lo fa soltanto perché è questo che tutti normalmente fanno."

Michele non segue veramente le regole, soltanto il modo in cui cammina la dice tutta sul suo carattere! Lo sapevi che i granchi camminano lateralmente?

A volte Michele pensa che essere diverso e non fare sempre quello che gli altri si aspettano da lui non è facile, ma non riesce a cambiare. I suoi amici del mare gli vogliono molto bene e lo accettano così com'è, perché non importa se non hai una vita uguale a quella degli altri, l'importante è avere una vita che piace a te.

Attività 1
Trova nel testo tutti i nomi degli animali:

Attività 2
Preferisci il mare o la montagna? Perché?

Attività 3
Disegna una spiaggia con un ombrellone, un granchio e tante conchiglie:

Attività 4
Unisci con una freccia:

1) un granchio   a) arrivano sulla riva

2) le onde   b) il suono delle onde

3) i gabbiani   c) vive sulla spiaggia

4) l'ombrellone   d) mangiano i pesci

5) Michele ama   e) ripara dal sole

Lalla la farfalla

Una farfalla ha una vita molto breve. Alcune specie di farfalle vivono un anno o alcuni mesi, altre poche settimane o addirittura due o tre giorni! Però le farfalle hanno una vita bellissima. Non devono mai stressarsi, fare cose che non gli piacciono, arrabbiarsi (perché perdere tempo?!) o pensare al futuro.

La farfalla Lalla passa quasi tutto il suo tempo in giardini fioriti e si gode il buon profumo dei fiori. Ama la natura, i suoi colori, le forme più svariate dei fiori. Il suo mese preferito è maggio, ma anche giugno e luglio le piacciono molto, perché il tempo è così bello e non fa mai freddo.

La migliore amica di Lalla si chiama Mirella ed è un'ape. Mirella e Lalla si divertono molto a volare di fiore in fiore. A volte si fermano per fare un picnic sull'erba e mangiano un po' di pane con il miele. Se il sole è troppo caldo, Lalla fa un po' di ombra a Mirella con le sue grandi ali colorate. Quando la gente vede Lalla esclama sempre: "Oh, che farfalla meravigliosa!"

Però a tanta gente non piacciono le api, perché le considerano fastidiose. A volte le persone cacciano via Mirella con la mano se lei gli ronza intorno, e questo diverte molto Lalla, che prende un po' in giro la sua amica. "Vattene via!", le dice per scherzo. E ridono insieme.

Un giorno Mirella e Lalla vanno in un bellissimo giardino di rose di tutti i colori. Le rose sono così profumate che le due amiche volano di fiore in fiore per più di due ore! Allora si stancano un po' e fanno una breve pausa per riposarsi. Vanno in mezzo al giardino e si mettono all'ombra, sotto una piccola panchina bianca di legno.

"Lalla, che programmi hai per la prossima settimana?", chiede Mirella.

"Non lo so", risponde Lalla, "forse possiamo fare una gita in campagna e andare a vedere i papaveri. Perché?"

"Ma non vuoi fare qualcosa di particolare? Lo sai che non hai una vita lunga", dice l'ape alla sua amica.

"Come non ho una vita lunga?!"

Lalla è molto sorpresa, triste e preoccupata al tempo stesso, e chiede spiegazioni alla sua migliore amica. Ha ancora tanti progetti. Per esempio vuole andare a vedere i tulipani in Olanda e sentire il profumo della lavanda in Provenza, forse comprare anche un vasetto di miele di lavanda. Dev'essere buonissimo! L'ape spiega alla sua amica farfalla che anche se non ha una vita lunga non dev'essere triste. Non è lei a decidere quanto tempo può vivere, ma può decidere come vivere la sua vita e cosa fare per renderla bella e speciale. Un giorno vissuto bene, pieno di gioia, amore, colori e profumi ha più valore di tanti giorni di tristezza e infelicità. Mirella dice: "Decidi tu: adesso puoi essere triste e piangere per tutto il tempo che ti resta oppure essere felice e apprezzare tutte le cose belle che hai e che ti capitano. Ogni giorno ha sempre qualcosa di buono, anche se spesso non te ne accorgi. Dai, vieni, andiamo a chiedere all'aquila Dalila se ha voglia di portarci in Olanda per una piccola gita."

Le due amiche volano da Dalila. Una nuova meravigliosa avventura le aspetta.

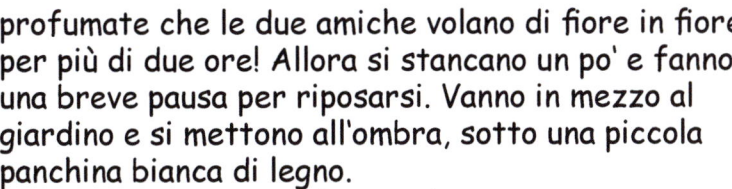

Attività 1
Scrivi i nomi dei 12 mesi dell'anno:

il calendario

Attività 2
Completa: il giorno - i giorni
la settimana - ....
.... - i mesi
l'anno - ....

Ricorda! Il fine settimana - i fine settimana

Attività 3
Aggettivi che esprimono le emozioni: triste, felice, preoccupato, confuso, arrabbiato, sorpreso...
Scrivi come ti senti quando:

a) mangi un gelato alla fragola

b) non trovi il tuo giocattolo preferito

c) prendi un brutto voto a scuola

d) torni a casa e trovi una torta di mele in cucina

Attività 4
Cerchia tutti i nomi dei fiori:
tulipano / ape / papavero / rosa / miele / giardino

Il pipistrello Maurizio

Il pipistrello è un animale molto particolare! Di giorno dorme, e per giunta a testa in giù! La luce non gli piace per niente. Ama il buio e dunque esce di notte.

Ci sono tanti vantaggi nell'essere un pipistrello. Ad esempio, non deve mai comprare occhiali da sole o crema solare. Inoltre non ha paura di guardare i film dell'orrore! Soprattutto non ha paura di guardare i film sui vampiri, anzi li trova molto divertenti e assurdi. È abituato all'oscurità e al mistero.

Maurizio ama la notte. Adora guardare la luna e le stelle, per esempio dalla cima di un albero altissimo. Gli piacciono molto il silenzio e la tranquillità: durante il giorno ci sono troppi rumori e secondo Maurizio è molto meglio dormire di giorno e fare cose interessanti di notte. Del buio gli piace che si vede poco e quindi si possono immaginare le cose e i colori più belli.

La festa preferita di Maurizio è Halloween. Vola di casa in casa di sera tardi, suona alle porte e riceve tanti dolcetti: gli piacciono soprattutto le caramelle e le liquirizie.

Durante l'anno Maurizio è spesso da solo. Non ha molti amici, a parte Fulvio, il suo migliore amico, che è un gufo e lo fa ridere molto, soprattutto per il modo in cui muove la testa.

Il nostro pipistrello fa molti scherzi al suo amico gufo: "Ehi, Fulvio, guarda lì, che bella stella luminosa!", e Fulvio muove la testa all'insù. "No, no lì, guarda qui, dietro di te!", e Fulvio gira la testa. Maurizio si diverte tantissimo a guardare come il suo amico muove la testa, soprattutto all'indietro! Il gufo Fulvio ha molta pazienza, ma a volte Maurizio lo fa proprio arrabbiare.

Maurizio è considerato dagli altri animali un po' strano, non soltanto perché, come abbiamo detto, dorme di giorno e a testa in giù, ma anche perché odia tutti i rumori!

Lo sapevi inoltre che i pipistrelli, a seconda della specie, mangiano tantissime cose differenti? Questo spiega perché nel mondo ce ne sono così tanti!

All'inizio a Maurizio dispiace molto l'idea di essere "diverso". La vita è davvero più semplice quando si è come tutti gli altri. Maurizio vorrebbe fare una gita al mare con Smeralda la lucertola e Monica il serpente, ma il sole proprio non lo sopporta. Vorrebbe andare a una festa degli animali del bosco, ma odia i rumori, figuriamoci la musica a tutto volume!

Con il passare del tempo, Maurizio si accetta così com'è. Non si possono fare delle cose che non piacciono soltanto perché si vuole essere accettati dagli altri. Maurizio capisce che la cosa più importante è essere fedeli a sé stessi, anche se questo a volte è difficile. Allora se un giorno, volando, sente qualcuno ridere, non pensa più che ride di lui, ma che forse ride perché ha sentito una storia divertente. Quindi sorride, va a guardare la luna e le stelle nel suo posto preferito e si sente felice.

Attività 1

Hai paura del buio? Immagina tre cose belle che ci possono essere nell'oscurità e disegnale:

Attività 2

I pipistrelli mangiano molte cose differenti. Qual è il tuo piatto preferito?

Attività 3

Descrivi il tuo migliore amico o la tua migliore amica:

Attività 4

Festeggi Halloween? Esci per raccogliere i dolcetti?

Anita, la lumachina impaurita

Le lumache sono animali lentissimi. Quando una persona è molto lenta a fare una cosa o a camminare, si dice spesso: "Ehi, ma sei proprio una lumaca!"

Anche la nostra lumachina Anita è molto lenta a fare tutto. Se gli amici le danno appuntamento alle 10, Anita arriva alle 11, perché va molto lentamente e per strada si ferma sempre a guardare tutto: gli alberi, i fiori, le farfalle! È davvero rilassata, fa tutto con calma, e questo le piace molto perché la gente, secondo lei, va troppo di corsa e nella fretta non si gode mai quello che fa sul momento. "Chi va piano, va sano e va lontano!", pensa Anita.

Anche mangiare lentamente è molto importante secondo Anita. Chi mangia velocemente non sente nemmeno i sapori! E per lei anche una foglia di lattuga va gustata pienamente!

Inoltre Anita non ha un cellulare. Secondo lei la gente non soltanto va troppo di fretta, ma spreca tantissimo tempo a guardare il cellulare invece di osservare quello che ha intorno, fa foto in continuazione e condivide quasi tutto sui social. "Quanto tempo sprecato!", pensa Anita, che assapora lentamente ogni attimo della sua vita.

Vivere in un guscio è come vivere in un camper, si ha sempre a disposizione tutto quello che serve! E si può andare dappertutto senza prenotare un hotel. Ad Anita la sua casetta piace moltissimo: alle finestre ci sono tendine rosa e alcune piantine con fiori colorati, dentro c'è una piccola cucina con un tavolino e un angolino con un letto soffice. "Oh, quanto mi piace dormire!", pensa Anita. Lo sapevi che le lumache amano dormire a lungo? E a te piace dormire?

Tutte le sue amiche lumache fanno volentieri una passeggiata

quando piove: la strada è bagnata e si spostano più facilmente! Poi fuori c'è un buon odore di erba e terra bagnata. Che profumo meraviglioso!

Anita invece non ama uscire quando piove, anzi le fa molta paura. "Se esco con la pioggia, forse qualcuno mi può schiacciare. La gente è più distratta e non guarda dove mette i piedi! Chissà, magari un ciclista o uno sportivo che fa jogging! Oppure uno che comincia a fare foto di qua e di là! Che paura!", pensa Anita.

Un giorno le lumache Matilde e Sabrina, le migliori amiche di Anita, organizzano una piccola corsa nel bosco. Anche altri animali vogliono partecipare. Anita, però, preferisce restare nella sua casetta. Per il giorno della gara è prevista pioggia. Tanta pioggia. È proprio per questo che le sue amiche hanno organizzato la corsa, si sono allenate tutto l'anno, e con la strada bagnata di sicuro scivoleranno benissimo e saranno molto veloci! Tutti gli altri animali resteranno a bocca aperta.

Il giorno prima della gara, Matilde e Sabrina vanno a trovare Anita e la incoraggiano a partecipare. Le farà bene fare una cosa che le mette davvero paura. Perché una volta fatta, si sentirà fiera di sé e molto più forte. "Non lo so", dice Anita alle sue amiche.

È il giorno della gara. In tutto ci sono dieci partecipanti, tra cui anche Nicola il pavone e Alessandro la puzzola. La gara sta per iniziare, quando... ecco che arriva Anita! Tutti sono molto felici di vederla! Uno, due, tre, si parte! Anita è velocissima! Supera tutti, anche se di poco e alla fine... vince! Tutti esclamano: "Anita! Anita! Anita!", e le fanno i complimenti. Anita è molto felice. Le sue amiche avevano ragione! Sente di aver superato la sua grande paura. Anzi, adesso non vede l'ora di fare un bel giro sui rollerblade sotto la pioggia. Così sarà ancora più veloce! E se qualcuno per sbaglio starà per schiacciarla, lei sarà preparata e si sposterà velocemente.

Attività 1
Ti piace uscire quando piove?

Attività 2
Piove! Disegna un ombrello e le gocce della pioggia:

Attività 3
Dopo la pioggia c'è un buon odore di erba bagnata. Hai un odore preferito?

Attività 4
Scrivi i contrari. Esempio: chiuso >< aperto
1) grande >< ....
2) alto >< ....
3) bagnato >< ....
4) freddo >< ....
5) veloce >< ....

una finestra chiusa

una finestra aperta

Vorrei ringraziare anche Lisa Fellinger e Michael Grundmann per aver contribuito alla realizzazione del mio progetto.